Ganhe Renda Passiva com Produtos Digitais Gerados por IA

Venda eBooks, Cursos, Templates e Muito Mais Usando Ferramentas de IA Gratuitas e de Baixo Custo

Por Joe Correa

Publicado por **Live Stronger Faster**

Primeira Edição.

Sumário

Introdução 4

Capítulo 1: Escolhendo o Produto Digital Certo para Vender com IA 6

Capítulo 2: Usando IA para Criar eBooks de Alta Qualidade em Menos de 48 Horas 13

Capítulo 3: Criando e Vendendo Templates e Kits de Ferramentas Digitais com IA 21

Capítulo 4: Criando e Vendendo Cursos Online com IA: Sem Precisar Aparecer na Câmera 30

Capítulo 5: Transformando Seu Conteúdo Gerado por IA em Pacotes que Aumentam Vendas e Lucros 38

Capítulo 6: Automatizando Vendas, Entrega e Acompanhamento com Ferramentas de IA 46

Capítulo 7: Marketing com IA — Anúncios, Conteúdo e Estratégias de Crescimento que Funcionam 24 Horas por Dia 55

Capítulo 8: Escalando Sua Renda Reinvestindo os Lucros em Mais Produtos com IA 63

Capítulo 9: Construindo uma Marca e uma Comunidade em Torno dos Seus Produtos Digitais com IA 72

Capítulo 10: Mantendo Renda Passiva de Longo Prazo com Sistemas Evergreen e IA 80

Palavras Finais 88

Introdução

A ideia de renda passiva costumava parecer um sonho — algo reservado para pessoas ricas, sortudas ou altamente qualificadas. Mas graças à inteligência artificial, essa barreira de entrada praticamente desapareceu. A IA transformou completamente a maneira como criamos, divulgamos e vendemos produtos digitais. Com ferramentas capazes de escrever eBooks, criar templates, gerar vídeos e até desenvolver cursos completos, qualquer pessoa com um laptop ou até mesmo um celular agora pode gerar renda de forma automatizada.

Neste livro, você aprenderá exatamente como fazer isso — mesmo que nunca tenha ganhado um único dólar online antes. Este livro não é sobre enriquecimento rápido ou "truques milagrosos". Trata-se de construir fontes de renda sustentáveis e de longo prazo, com baixo investimento inicial. Ao longo das próximas páginas, vamos explorar passo a passo como gerar ideias de produtos com alta demanda usando inteligência artificial, como utilizar ferramentas de IA gratuitas ou de baixo custo para criar eBooks, cursos e templates, como montar uma loja simples ou um funil de vendas, e como automatizar todo o processo de vendas e entrega dos seus produtos digitais.

Você também aprenderá como gerar tráfego utilizando conteúdo e estratégias de marketing impulsionadas por IA, como reinvestir seus lucros para aumentar sua renda ao longo do tempo e como evitar erros comuns que levam muitas pessoas ao desânimo ou ao esgotamento. A melhor parte é que você não precisa ser especialista em tecnologia nem um criador de conteúdo experiente. Se você consegue seguir passos simples e manter consistência, este livro pode ajudá-lo a lançar produtos digitais capazes de gerar renda enquanto você dorme.

Ao longo do livro, também incluiremos exemplos do mundo real, ferramentas ideais para iniciantes e links para plataformas de inteligência artificial que você pode começar a usar imediatamente. Ao final desta jornada, você terá um roteiro claro para transformar a inteligência artificial no seu parceiro de negócios mais poderoso — sem precisar programar, sem configurações complexas e sem a necessidade de aparecer em câmera.

Agora, vamos começar sua jornada para construir renda passiva com produtos digitais gerados por inteligência artificial.

Capítulo 1: Escolhendo o Produto Digital Certo para Vender com IA

Ao iniciar sua jornada rumo à renda passiva com produtos digitais gerados por inteligência artificial, o primeiro e mais importante passo é escolher o tipo certo de produto digital para vender. Essa decisão determinará o quão fácil será criá-lo, o nível de demanda que ele possui, o quanto ele pode escalar e, em última análise, quanto dinheiro poderá gerar ao longo do tempo.

Primeiro, é importante entender as quatro principais categorias de produtos digitais. Embora existam centenas de possibilidades, a maioria dos produtos digitais bem-sucedidos se encaixa em uma dessas categorias. A primeira são os eBooks. Ferramentas de escrita com IA podem gerar livros inteiros em poucas horas. Eles são excelentes para educação em nichos específicos, como "Como Começar um Negócio de Reparo de Crédito", para temas de saúde e fitness como "Wall Pilates para Idosos", ou para aprendizado baseado em habilidades, como "Domínio de Prompts do ChatGPT". Entre as vantagens dos eBooks estão a rapidez na criação, a possibilidade de reutilizar o conteúdo para audiolivros ou pacotes e a facilidade de venda em plataformas como Amazon KDP, Gumroad ou em seu próprio site.

A segunda categoria são os cursos online. Utilizando ferramentas de IA como ChatGPT, InVideo e Pictory, você pode construir um curso completo em apenas alguns dias. Os cursos geralmente têm maior valor percebido, o que permite cobrar preços mais altos. Muitos alunos pagam entre 20 e 200 dólares ou mais por curso. Além disso, plataformas como Udemy e Teachable ajudam a hospedar o conteúdo, gerenciar alunos e até gerar tráfego.

A terceira categoria envolve templates e kits de ferramentas digitais. Isso inclui templates do Notion, designs do Canva, planilhas de orçamento, modelos de currículo e outros recursos organizacionais. Esses produtos são relativamente fáceis de criar com ferramentas de design e IA, podem ser entregues instantaneamente e são altamente escaláveis, já que podem ser atualizados ou reutilizados diversas vezes.

A quarta categoria inclui serviços digitais e produtos imprimíveis, como calendários, diários, planejadores digitais, livros de colorir e planejadores de redes sociais. Ferramentas de IA podem gerar tanto o conteúdo quanto os designs automaticamente. Esses produtos são especialmente populares em plataformas como Etsy, Creative Market e Gumroad, e são ideais para vendas repetidas e renda passiva.

Depois de entender essas categorias, o próximo passo é escolher um produto que combine com seus pontos fortes ou interesses. Se você gosta de escrever, criar eBooks pode ser uma ótima escolha. Se você gosta de ensinar ou explicar conceitos, um curso online pode ser mais adequado. Se você tem afinidade com design ou organização, templates podem ser uma excelente opção. Caso ainda tenha dúvidas, você pode pedir ajuda à própria IA. Um exemplo de prompt seria: "ChatGPT, com base nas tendências atuais, quais são 10 produtos digitais lucrativos que posso vender usando ferramentas de IA?" Também é importante considerar seu tempo disponível. eBooks e templates geralmente são mais fáceis para quem trabalha em tempo parcial, enquanto cursos exigem mais planejamento, mas podem gerar lucros maiores.

Antes de criar qualquer produto, é essencial validar se existe demanda real. Muitas pessoas cometem o erro de construir algo antes de verificar se as pessoas realmente querem comprar. Ferramentas gratuitas podem ajudar nesse processo. Você pode usar o ChatGPT para gerar ideias de palavras-chave, o Google Trends para verificar o interesse ao longo do tempo, ferramentas como Ubersuggest ou Keywords Everywhere para estimar volume de buscas, e plataformas como Udemy, Amazon e Etsy para analisar concorrência e preços. Um exemplo de prompt útil seria: "Quais são os temas de eBooks em tendência no nicho de finanças pessoais para 2025?" Ao combinar esses dados, você consegue validar sua ideia de produto. Uma ideia validada pode economizar semanas de trabalho e multiplicar seu potencial de lucro.

Outro princípio importante é combinar produtos para criar múltiplas fontes de renda. Os empreendedores digitais mais bem-sucedidos não param em um único formato; eles criam um ecossistema. Por exemplo, você pode transformar um eBook em um curso online, adicionar planilhas ou templates complementares e depois oferecer tudo em um pacote com preço mais alto. Dessa forma, você cria várias fontes de receita a partir do mesmo tema e da mesma jornada do cliente, tudo construído com ajuda da inteligência artificial.

Também é importante escolher a plataforma correta para vender seu produto. eBooks funcionam muito bem em plataformas como Amazon KDP, Gumroad ou Payhip. Cursos online podem ser vendidos em plataformas como Udemy, Teachable ou Thinkific. Templates são populares em Etsy, Gumroad e Creative Market. Já produtos imprimíveis costumam ter grande demanda em marketplaces como Etsy, Notion Market ou Ko-fi. Outra estratégia interessante é criar um funil de vendas simples usando ferramentas como Carrd, Systeme.io ou ConvertKit, permitindo que você mantenha praticamente 100% do lucro das vendas.

Para entender como isso funciona na prática, considere a história de Carlos, um professor do ensino médio que trabalhava longas horas e ainda assim mal conseguia ganhar o suficiente para sustentar sua família. Ele sonhava em ganhar uma renda extra online, mas sempre achava o processo complicado demais. Programação, softwares complexos e ferramentas caras estavam fora de sua realidade.

Uma noite, enquanto navegava pelo YouTube, Carlos encontrou um vídeo intitulado "Como Usar IA para Vender Produtos Digitais". Curioso, ele assistiu ao criador do vídeo usar o ChatGPT para criar o esboço completo de um eBook em apenas cinco minutos. Aquilo despertou algo nele. "Eu poderia fazer isso", pensou.

No dia seguinte, ele criou uma conta gratuita no ChatGPT e digitou: "Dê-me 10 ideias de produtos digitais que posso vender online usando ferramentas gratuitas de IA." A lista o surpreendeu: eBooks, templates, planejadores digitais, cursos em vídeo, rastreadores do Notion e muito mais.

Carlos então se lembrou de que outros professores sempre pediam a ele planos de aula e materiais imprimíveis. Aquilo era o seu nicho. Ele pediu ao ChatGPT: "Quais produtos digitais eu poderia criar para professores do ensino médio usando IA?" A resposta trouxe várias ideias, como templates de gerenciamento de sala de aula, pacotes de e-mails para comunicação entre pais e professores, um eBook chamado "Kit de Sobrevivência para Volta às Aulas" e geradores de planos de aula.

Carlos escolheu uma dessas ideias: "Templates de Gerenciamento de Sala de Aula." Ele abriu o Canva e utilizou modelos de design com inteligência artificial para criar recursos profissionais em poucos minutos. Para o conteúdo, pediu ao ChatGPT que escrevesse descrições e guias de uso. Em seguida, reuniu tudo em um PDF, carregou o arquivo no Gumroad e definiu o preço de nove dólares.

Ele compartilhou o produto em alguns grupos de professores no Facebook e conseguiu três vendas no primeiro dia. Aqueles 27 dólares não eram muito dinheiro, mas provaram que o sistema funcionava.

Animado, Carlos expandiu o produto e criou um pacote completo de ferramentas para sala de aula, incluindo planejadores, listas de verificação e modelos de e-mails para pais. Ele também transformou o conteúdo em um mini-curso usando a ferramenta de texto para vídeo do InVideo.

No final do mês, Carlos havia ganhado mais de 700 dólares. E não foi com trabalhos freelance ou bicos que exigiam horas extras de trabalho, mas sim com produtos digitais gerados com ajuda de inteligência artificial que continuavam vendendo mesmo enquanto ele estava dando aula.

E tudo começou com uma pergunta simples: **"Que produto digital eu posso criar usando o que já sei – e um pouco de ajuda da inteligência artificial?"**

Capítulo 2: Usando IA para Criar eBooks de Alta Qualidade em Menos de 48 Horas

Criar eBooks costumava ser um processo longo e intimidador. Era necessário ser um excelente escritor, passar semanas planejando e editando o conteúdo e, depois, ainda lidar com a formatação e a publicação. Mas agora, graças a ferramentas de escrita com inteligência artificial como ChatGPT, Claude e Gemini, qualquer pessoa pode criar eBooks profissionais e de alta qualidade em questão de horas — mesmo que nunca tenha escrito uma única página antes. Este capítulo irá guiá-lo por cada etapa do processo, desde a escolha do tema até a publicação do seu eBook em plataformas que alcançam milhões de pessoas.

O primeiro passo é selecionar um tema que tenha demanda e que seja fácil para a IA desenvolver. Você não precisa ser um especialista no assunto — a inteligência artificial pode ajudar com a pesquisa e a estrutura — mas é importante escolher algo que tenha potencial comercial. Utilize plataformas como Amazon, Etsy e Google Trends para pesquisar tópicos populares. Depois, use o ChatGPT para refinar suas ideias perguntando: "Quais são alguns temas de eBooks em tendência no nicho de [seu nicho] que as pessoas estão dispostas a pagar?" Depois de escolher o tema, utilize o ChatGPT novamente para gerar um sumário detalhado. Isso funciona como o mapa do seu livro e mantém o conteúdo organizado e focado. Por exemplo, um livro sobre "Como Construir Crédito Empresarial" poderia incluir capítulos como "Entendendo os Fundamentos do Crédito Empresarial", "Estruturando Sua Empresa da Forma Correta" e "Construindo Crédito Sem Garantia Pessoal".

Com o seu sumário pronto, o processo de escrita se torna muito mais simples. Em vez de pedir à IA para escrever um capítulo inteiro de uma vez, solicite pequenas seções. Por exemplo: "Escreva uma seção de 500 palavras explicando por que o crédito empresarial é importante para o crescimento de pequenas empresas." Depois revise o texto e faça pequenas edições para adicionar sua voz pessoal ou melhorar a fluidez. Você pode repetir esse processo para cada seção, construindo gradualmente todo o eBook sem se sentir sobrecarregado. Também é importante usar prompts específicos que incluam o tom e o público-alvo. Por exemplo, pedir "Escreva em um tom conversacional para empreendedores iniciantes" ajudará a manter o conteúdo acessível e amigável. Caso queira um estilo mais profissional ou motivador, basta ajustar o tom no prompt.

Depois de concluir o conteúdo, o próximo passo é a formatação. Copie o texto para uma ferramenta como Google Docs ou Canva Docs. Use títulos, subtítulos, listas com marcadores e texto em negrito para tornar a leitura mais agradável. Você também pode gerar a introdução e a conclusão com a ajuda da IA. Basta solicitar algo como: "Escreva uma introdução envolvente para um eBook sobre [seu tema]." Para o design, o Canva oferece diversos modelos gratuitos de eBooks totalmente personalizáveis. Você pode inserir seu texto, adicionar imagens geradas por IA com ferramentas como DALL·E ou o próprio gerador de imagens do Canva e criar uma capa com seu nome e o título do livro. O ideal é exportar seu eBook como um PDF limpo, que funcione bem tanto em celular quanto em computador.

Com o eBook pronto, chega a hora de publicá-lo e começar a vender. Existem três opções principais: Amazon KDP, Gumroad ou seu próprio site. O Amazon KDP permite alcançar milhões de clientes em potencial e é excelente para temas mais amplos. O Gumroad é ideal para guias mais específicos ou profissionais, oferecendo controle total sobre preço e entrega. Se você quiser o máximo de controle e lucro, também pode vender diretamente em sua própria página de vendas usando ferramentas como Systeme.io ou Payhip e gerar tráfego com conteúdo e marketing automatizados com IA. Outra estratégia inteligente é transformar o eBook em um audiolivro ou combiná-lo com templates e checklists para aumentar o valor do produto.

Uma das melhores vantagens desse modelo é que seu eBook não precisa ser extremamente longo. Um guia de alta qualidade com 5.000 a 10.000 palavras pode vender muito bem se resolver um problema específico. O segredo é entregar valor de forma clara e direta. Como o conteúdo é assistido por inteligência artificial, você também pode criar vários eBooks em diferentes nichos ao longo do tempo, construindo um portfólio que continua gerando renda mesmo enquanto você dorme. Muitos empreendedores digitais transformam o conteúdo de seus eBooks em vídeos para YouTube, cursos online ou artigos de blog — tudo com ajuda da IA.

A última etapa é o marketing do seu eBook. Felizmente, a inteligência artificial também pode ajudar nisso. Você pode pedir ao ChatGPT para escrever legendas para redes sociais, artigos de blog e sequências de e-mails para promover seu livro. Ferramentas como Opus Clip ou Pictory podem criar vídeos curtos de divulgação utilizando o conteúdo do próprio eBook. Em seguida, você pode agendar as postagens com plataformas como Metricool ou Buffer e acompanhar os resultados. Se quiser escalar ainda mais, pode rodar anúncios no Facebook ou Instagram e deixar o conteúdo gerado por IA atrair visitantes para sua página de vendas.

Criar um eBook já não exige meses de trabalho. Com os prompts corretos, as ferramentas certas e uma estrutura clara, você pode passar da ideia à publicação em menos de 48 horas. Concentre-se em temas específicos que ofereçam valor real. Use o ChatGPT para escrever de forma rápida e organizada. Utilize o Canva para o design. Venda através da Amazon ou do Gumroad. Depois promova usando marketing gerado por IA. Essa é a fórmula — e ela funciona. Tudo o que você precisa é de um bom eBook para começar a construir um império digital.

A história de Michelle mostra como isso pode acontecer na prática. Michelle sempre sonhou em ser autora. Mas entre o trabalho em tempo integral, dois filhos e um orçamento apertado, escrever um livro parecia impossível. Ela tinha dezenas de ideias anotadas em seu celular — temas como autocuidado para mães, planejamento de refeições vegetarianas e como reconstruiu seu crédito após o divórcio. Ainda assim, a ideia de sentar e escrever cem páginas sozinha parecia assustadora.

Uma noite, depois de assistir a um vídeo sobre ganhar dinheiro com IA, ela abriu o ChatGPT e digitou: "Você pode me ajudar a escrever um eBook?" A resposta veio imediatamente: "Claro! Sobre qual tema você gostaria de escrever?" Michelle sorriu e respondeu: "Vamos tentar 'Autocuidado para Mães que Trabalham em Casa'."

O ChatGPT então fez algumas perguntas: qual deveria ser o tom do livro, quem era o público e se o conteúdo deveria ser mais prático ou emocional. Michelle respondeu a cada pergunta e ficou surpresa com a facilidade do processo — parecia que estava fazendo um brainstorming com um assistente pessoal.

Em cerca de vinte minutos, ela já tinha um sumário completo com dez capítulos, cada um contendo duas ou três ideias principais. Ela copiou o primeiro título, "Como Definir Limites com os Filhos Enquanto Trabalha Remotamente", e pediu: "Escreva um capítulo de 500 palavras sobre esse tema em um tom calmo e acolhedor." Segundos depois, apareceu um texto completo. Não estava perfeito, mas era muito bom. Michelle ajustou algumas palavras e adicionou histórias pessoais para tornar o conteúdo mais autêntico. Naquela noite, escreveu três capítulos. No dia seguinte, já tinha sete. No segundo dia, seu eBook estava pronto.

Depois disso, Michelle abriu o Canva, escolheu um modelo moderno de eBook e colou seus capítulos no layout. Ela usou imagens geradas por IA de ambientes de trabalho tranquilos e adicionou uma foto de uma xícara de chá com uma mãe sorrindo ao fundo. Criou uma capa suave em tons de rosa e verde com o título "Produtividade com Paz: Um Guia de Autocuidado para Mães que Trabalham em Casa".

Com tudo formatado, ela exportou o arquivo em PDF e enviou para o Gumroad. Definiu o preço inicial em nove dólares e compartilhou o link em um grupo de Facebook para mães empreendedoras. Naquela mesma noite, conseguiu quatro vendas.

Ela ficou impressionada.

No dia seguinte, usou o ChatGPT para escrever uma legenda de divulgação: "Sentindo-se esgotada trabalhando de casa enquanto cuida dos filhos? Meu novo eBook está aqui para ajudar. Apenas $9 e cheio de dicas práticas de uma mãe que vive essa realidade." Ela publicou no Instagram e recebeu 23 curtidas. Nada extraordinário — mas logo vieram mais três vendas. Foi então que teve uma ideia: e se transformasse isso em uma marca completa?

No final da semana, Michelle lançou um segundo eBook chamado "Planejamento de Refeições para Mães Ocupadas". Ela criou um pacote chamado "Kit de Produtividade para Mães", incluindo os dois livros e um template do Canva que ela mesma utilizava. O preço do pacote foi ajustado para 19 dólares.

No final do mês, Michelle havia ganhado 410 dólares — quase o mesmo que costumava ganhar dando aulas particulares em meio período. A diferença era que agora aquela renda era passiva. Os eBooks continuavam vendendo enquanto ela fazia o jantar, ajudava os filhos com a lição de casa ou saía para caminhar.

Algo mudou dentro dela. Pela primeira vez, ela não estava apenas sonhando em ser autora — ela realmente era uma. E não precisou seguir o caminho tradicional. Usou a inteligência artificial para guiá-la, capacitá-la e liberar um potencial que sempre existiu. Agora ela tinha um sistema — e uma visão de crescimento.

A história de Michelle representa uma nova realidade. Você não precisa esperar por uma editora, uma equipe ou um golpe de sorte. Tudo o que você precisa são algumas ferramentas, uma mensagem que valha a pena compartilhar e a disposição para tentar. O resto, deixe a inteligência artificial cuidar.

Capítulo 3: Criando e Vendendo Templates e Kits de Ferramentas Digitais com IA

Templates e kits de ferramentas digitais estão entre os produtos digitais mais fáceis e lucrativos que você pode criar — especialmente com a ajuda da inteligência artificial. Diferente de eBooks ou cursos, que exigem conteúdo estruturado do início ao fim, os templates oferecem valor imediato, são fáceis de usar e costumam vender muito bem em plataformas como Etsy, Gumroad, Creative Market e até no seu próprio site. Com ferramentas gratuitas de design com IA, geradores de conteúdo e plataformas de automação, você pode transformar uma simples ideia em um produto lucrativo em apenas uma tarde.

O primeiro passo para criar um template de sucesso é escolher um nicho. Pergunte a si mesmo: "Que problema eu posso ajudar alguém a resolver em 15 minutos ou menos?" As pessoas adoram templates porque eles economizam tempo e evitam que tenham que começar algo do zero. Por exemplo, um empreendedor pode precisar de um controle financeiro. Um criador de conteúdo pode precisar de um mês inteiro de legendas para Instagram. Um candidato a emprego pode estar procurando um modelo profissional de currículo. Você pode pesquisar ideias em tendência navegando por marketplaces como Etsy, Canva ou Notion Market, ou simplesmente pedir ajuda ao ChatGPT com um prompt como: "Quais são templates digitais de alta demanda que as pessoas compram online?"

Depois de escolher a ideia do seu template, selecione a plataforma ideal para criá-lo. Para designs visuais como planners, planilhas, guias ou pacotes para redes sociais, o Canva é uma excelente opção. Para ferramentas mais técnicas, como calculadoras financeiras ou planilhas de planejamento empresarial, você pode usar Google Sheets ou Notion. Essas plataformas são gratuitas, flexíveis e fáceis de exportar. Em seguida, utilize a inteligência artificial para gerar o conteúdo que será incluído no template. Por exemplo, se você estiver criando um template de plano de negócios, pode pedir ao ChatGPT para gerar exemplos pré-preenchidos em cada seção — como resumo executivo, análise de mercado, plano de vendas e estratégia de crescimento. Depois, basta copiar esse conteúdo para o design e deixar espaços para que o comprador personalize com suas próprias informações.

A apresentação visual também é muito importante. Use elementos de design gerados por IA para deixar seu template limpo, organizado e profissional. Ferramentas como Canva Magic Design, Kittl ou Microsoft Designer oferecem layouts prontos e elementos visuais criados com inteligência artificial. Escolha uma tipografia consistente e um esquema de cores simples. Lembre-se de que simplicidade geralmente funciona melhor. Evite sobrecarregar seus templates com informações excessivas. Em vez disso, entregue valor por meio de clareza e facilidade de uso. Você também pode adicionar um pequeno guia rápido ou instruções simples explicando como utilizar o template. A própria IA pode escrever essas explicações em um tom profissional e amigável, por exemplo: "Explique como usar este template de orçamento para uma mãe solteira que quer economizar dinheiro."

Depois que seu template estiver pronto, uma estratégia poderosa é agrupá-lo com outros recursos semelhantes para criar um kit de ferramentas digital. Isso aumenta o valor percebido do produto e permite cobrar um preço maior. Por exemplo, um "Kit de Ferramentas para Pequenos Negócios" pode incluir um template de plano de negócios no Google Docs, uma planilha de projeção financeira no Google Sheets, um formulário de briefing de logotipo criado no Canva e um formulário de onboarding de clientes no Notion. Você pode vender cada item separadamente ou oferecer o pacote completo por um preço maior — muitas vezes três a cinco vezes maior do que um único template. Essa estratégia de pacote é extremamente poderosa, pois aumenta o valor de cada venda sem exigir mais trabalho de criação. A inteligência artificial também pode ajudar a criar nomes atrativos para seus kits, como "Sistema de Sucesso para Freelancers", "Pacote de Crescimento para Influenciadores" ou "Startup em uma Caixa".

Para vender seu template, escolha a plataforma que melhor se adapta ao seu público. O Etsy funciona muito bem para planners, templates de orçamento e ferramentas de produtividade. O Gumroad e o Payhip são ótimos para kits de ferramentas mais específicos e permitem entrega automática do produto e processamento de pagamentos. Você também pode vender diretamente em seu próprio site ou em uma página de vendas e ficar com praticamente 100% do lucro. Ferramentas como Systeme.io ou ConvertKit podem automatizar todo o processo de entrega. Muitos criadores também oferecem um template gratuito para construir uma lista de e-mails e depois vendem pacotes completos usando sequências de e-mails geradas por inteligência artificial.

Outro ponto importante é criar imagens de apresentação de alta qualidade. Use mockups do Canva para mostrar seu template sendo utilizado em um tablet, celular ou computador. Inclua etiquetas como "Editável", "Download Imediato" ou "Inclui 5 Templates" para aumentar as conversões. A inteligência artificial também pode ajudar a escrever descrições de produto persuasivas e destacar benefícios para o cliente, como: "Economize mais de 10 horas por semana com este calendário de conteúdo pronto para usar" ou "Projetado para profissionais ocupados que querem resultados rápidos sem estresse."

O último passo é a promoção do seu produto. Você pode pedir ao ChatGPT para escrever legendas para Instagram, descrições para Pinterest, artigos de blog e sequências de e-mails promocionais. Também é possível transformar seu kit de templates em um material gratuito para atrair leads e promover produtos maiores no futuro, como cursos ou programas de mentoria. Se quiser escalar ainda mais o negócio, você pode rodar anúncios pagos no Facebook ou TikTok usando vídeos criados com ferramentas como Pictory ou InVideo. A inteligência artificial permite testar diferentes estratégias de marketing rapidamente.

Templates e kits de ferramentas digitais podem ser verdadeiras minas de ouro quando criados de forma estratégica. Eles são rápidos de produzir, têm custo quase zero de entrega e oferecem alto valor para o público certo. Com a ajuda da inteligência artificial, o processo deixou de ser técnico ou demorado. Agora ele é rápido, simples e lucrativo. Seja você designer, empreendedor ou iniciante completo, templates permitem transformar seu conhecimento em vendas recorrentes — praticamente no piloto automático.

A história de Rafael ilustra perfeitamente esse modelo. Rafael nunca se considerou uma pessoa criativa. Ele era um personal trainer que havia reduzido suas horas de trabalho na academia para tentar construir algum tipo de renda online. Sua namorada sugeriu que ele vendesse algo digital, mas ele não fazia ideia por onde começar. "Eu não sou escritor, não sou designer e nem gosto de redes sociais", disse ele, meio brincando.

Um dia, ele encontrou um vídeo sobre templates do Notion criados com inteligência artificial. O criador explicava como usava o ChatGPT e o Canva para criar ferramentas simples de produtividade que vendiam entre 10 e 50 dólares no Gumroad. Rafael ficou cético no início — quem pagaria por um template? Mas a curiosidade falou mais alto. Ele pesquisou no Etsy por "fitness planner" e encontrou centenas de resultados, muitos com milhares de avaliações. Algo fez sentido naquele momento. Ele não precisava ser designer — apenas precisava organizar seu conhecimento em um formato útil.

Naquela mesma noite, Rafael abriu o Canva e pesquisou por "fitness template". As opções eram inúmeras. Ele escolheu um design moderno e limpo e começou a editá-lo usando textos gerados pelo ChatGPT. Ele pediu: "Você pode criar um planner de treinos de 30 dias para iniciantes com aquecimentos e dicas diárias?" Em poucos segundos, tinha um conteúdo completo.

Rafael ajustou alguns exercícios com base em sua experiência real com clientes e adicionou frases motivacionais. Em seguida, usou os Smart Mockups do Canva para criar imagens do planner em um iPad e em um laptop. Ele deu ao produto o nome de "30-Day Fitstart Planner" e publicou no Gumroad por 12 dólares. Apenas por curiosidade, compartilhou o link em um antigo grupo de fitness no Facebook e nos stories do Instagram.

Na manhã seguinte, acordou com duas vendas. Vinte e quatro dólares não eram muito, mas era mais do que ele já havia ganhado online. Aquilo despertou uma sensação nova — a sensação de possibilidade. Durante a semana seguinte, Rafael pediu ao ChatGPT mais ideias: "Quais são 10 kits de ferramentas digitais de fitness que eu posso criar para iniciantes, pais ocupados ou donos de academias?"

A resposta foi um verdadeiro tesouro de ideias: rastreadores de preparação de refeições, gráficos semanais de progresso, formulários de cadastro para novos clientes, calendários de treinos de 15 minutos em casa e templates de planejamento para abrir uma academia. Rafael então criou um "Kit Inicial para Coaches de Fitness" com cinco templates: um registro de treinos, um rastreador de nutrição, um formulário de cliente, um calendário de treinos em casa e uma planilha de preços. Ele reuniu tudo em um pacote por 29 dólares. Depois criou um pequeno anúncio em vídeo usando o InVideo, publicou no Instagram e colocou o link na bio.

Naquela semana, ele fez 18 vendas — um total de 522 dólares. A sensação de renda passiva parecia quase irreal. "As pessoas estão comprando ferramentas que eu criei com ChatGPT e Canva enquanto eu durmo", disse ele para a namorada. "Isso é o futuro."

Conforme seu negócio crescia, Rafael começou a coletar e-mails e criou uma página simples no Systeme.io oferecendo um plano de refeições gratuito de sete dias. Ele usou a inteligência artificial para escrever uma sequência de e-mails que promovia seu kit completo no terceiro dia. As vendas dobraram. O que começou como um único template se transformou em uma marca digital em crescimento. Ele não era mais apenas um treinador — agora era um empreendedor de produtos digitais.

E o melhor de tudo é que ele ainda tinha tempo para treinar clientes, jogar futebol e cuidar da própria saúde sem o esgotamento de correr atrás de vários trabalhos extras. Com a inteligência artificial como parceira silenciosa, Rafael construiu um negócio de templates que trabalhava para ele — e não o contrário.

Capítulo 4: Criando e Vendendo Cursos Online com IA: Sem Precisar Aparecer na Câmera

Cursos online são um dos produtos digitais mais lucrativos que você pode criar — especialmente quando combinados com inteligência artificial. Com o crescimento das plataformas de ensino online e a demanda global por aprendizado de novas habilidades, ficou mais fácil do que nunca compartilhar o que você sabe e ser pago por isso. O melhor de tudo é que você não precisa mais aparecer na câmera, contratar uma equipe de vídeo ou passar meses criando conteúdo. Graças a ferramentas de IA para roteiros, narração, criação de slides e edição de vídeo, é possível construir um curso profissional em apenas alguns dias.

O primeiro passo é escolher o tema do seu curso. Concentre-se em resolver um problema específico. Temas muito amplos como "Aprender Negócios" ou "Melhorar a Saúde" são vagos demais. É melhor nichar o conteúdo. Por exemplo: "Como Construir Crédito Empresarial Sem Usar Seu CPF" ou "Planejamento de Refeições para Veganos Ocupados". Você pode usar o ChatGPT para gerar ideias perguntando: "Quais são 10 ideias de cursos lucrativos para o nicho de [sua experiência ou área]?" Procure encontrar a interseção entre aquilo que você conhece e o que as pessoas estão procurando ativamente. Ferramentas como Google Trends, Udemy e Skillshare podem ajudar a validar se existe demanda.

Depois de escolher o tema, deixe a inteligência artificial criar o currículo do curso. Você pode usar um prompt como: "Crie um roteiro de curso com 10 aulas para [título do curso] voltado para iniciantes." O resultado será uma estrutura organizada de lições que você poderá expandir facilmente. Em seguida, pegue cada lição e peça algo como: "Escreva um roteiro detalhado para a Aula 1 em um tom amigável, focado em [ponto principal]." Esse roteiro servirá como a narração do seu curso — a base de um curso sem rosto. Se quiser adicionar histórias, exemplos ou exercícios práticos, você pode pedir diretamente no prompt.

O próximo passo é decidir como apresentar o curso. Você pode utilizar slides com narração, avatares gerados por IA, vídeos animados ou gravações simples de tela. Se quiser um estilo profissional sem precisar aparecer, ferramentas como Pictory, Synthesia, InVideo ou Tome AI permitem transformar seu roteiro em vídeos automaticamente. Basta copiar e colar o texto, escolher um fundo ou avatar e gerar um vídeo de alta qualidade. Para aulas apenas em áudio, ferramentas como ElevenLabs ou PlayHT permitem criar narrações realistas a partir do texto. Isso é especialmente útil para quem prefere não gravar a própria voz.

Para os elementos visuais, você pode gerar apresentações usando ferramentas como Gamma.app ou Beautiful.ai, ou utilizar os modelos de apresentação do Canva. Use imagens que complementem o roteiro e evite colocar muito texto nos slides. Você também pode usar vídeos curtos, imagens de bancos gratuitos ou artes geradas por IA para tornar o conteúdo mais interessante. Plataformas como Pexels e Pixabay oferecem vídeos e imagens gratuitos que podem enriquecer suas aulas. Também é recomendável manter as aulas curtas — idealmente com menos de 10 minutos — para manter o aluno engajado e facilitar a produção.

Depois que o curso estiver pronto, é hora de escolher onde vendê-lo. Se você quer aproveitar tráfego já existente, plataformas como Udemy e Skillshare são excelentes opções, pois possuem milhões de alunos navegando diariamente. Se preferir mais controle sobre preços e lucros, plataformas como Teachable, Thinkific, Gumroad e Podia permitem hospedar e vender seu curso diretamente. Outra opção é vender o curso através de um funil de vendas próprio usando ferramentas como Systeme.io ou ConvertKit, combinando e-mail marketing, automação e ofertas adicionais.

Para aumentar seus ganhos, considere adicionar bônus ao curso. Você pode incluir templates, checklists ou guias de recursos para download. Use o ChatGPT para criar materiais complementares, como "Resumo em PDF da Aula 1" ou "Checklist para o Módulo 3". Esses materiais aumentam o valor percebido do curso e ajudam os alunos a aplicar o que aprenderam. Você também pode reaproveitar o conteúdo do curso e transformá-lo em um eBook, audiolivro ou pacote de workshop digital.

O marketing também é essencial, mas a inteligência artificial facilita muito esse processo. Você pode pedir ao ChatGPT para escrever o texto da página de vendas, roteiros de anúncios e sequências de e-mails promocionais. Ferramentas como Opus Clip podem transformar partes do seu curso em pequenos vídeos promocionais para redes sociais. Você pode programar suas publicações com ferramentas como Metricool ou Buffer e deixar sistemas automatizados cuidarem do acompanhamento com potenciais clientes. O objetivo é criar o conteúdo uma vez e continuar vendendo por muito tempo.

Hoje em dia, você não precisa de equipamentos caros, anos de experiência ou um canal no YouTube para lançar um curso online. Com os prompts corretos, as ferramentas certas e uma estrutura simples, você pode usar a inteligência artificial para criar e vender cursos que transformam vidas — inclusive a sua.

Seja ensinando marketing, programação, escrita criativa, nutrição ou qualquer outra habilidade, sempre haverá alguém disposto a aprender com você. Deixe a IA fazer o trabalho pesado. Você só precisa trazer a mensagem.

A história de Elena mostra como isso pode funcionar na prática. Elena era nutricionista certificada, mas depois de ter seu segundo filho, voltar ao trabalho em uma clínica parecia impossível. Ela queria ficar em casa com os filhos, mas ainda precisava gerar renda. Uma amiga sugeriu que ela criasse cursos online, mas Elena descartou a ideia imediatamente. "Eu não sou uma youtuber", disse. "Eu odeio câmeras. Eu travaria."

Uma noite, enquanto alimentava o bebê e navegava pelo TikTok, ela viu um vídeo com o título: "Como ganhei $8.000 no mês passado com cursos gerados por IA — sem mostrar o rosto, sem gravar voz." Ela ficou curiosa. No vídeo, o criador explicava como usava ChatGPT, ElevenLabs e Canva para produzir cursos em vídeo sem aparecer na tela. Elena passou mais duas horas assistindo tutoriais, e sua curiosidade rapidamente se transformou em entusiasmo.

No dia seguinte, ela abriu o ChatGPT e perguntou: "Quais são algumas ideias lucrativas de cursos sobre nutrição?" A resposta trouxe várias opções: "Preparação de Refeições para

Iniciantes", "Nutrição Vegana com Baixo Orçamento", "Nutrição para Mães Ocupadas" e outros. Um tema chamou sua atenção: "Alimentação Inteligente para Crianças". Era um assunto que ela já dominava, pois preparava refeições saudáveis para seus filhos todas as semanas.

Ela então pediu ao ChatGPT: "Crie um roteiro de curso com 10 módulos para 'Alimentação Inteligente para Crianças'." A resposta foi melhor do que qualquer estrutura que ela mesma teria criado. Cada módulo tinha objetivos claros, títulos interessantes e conteúdo prático. Elena selecionou o primeiro módulo e pediu: "Escreva um roteiro de 3 minutos em tom amigável para o Módulo 1: 'Entendendo as Necessidades Nutricionais das Crianças.'"

Imediatamente ela recebeu um roteiro completo. Elena então abriu o ElevenLabs, colou o texto, escolheu uma voz feminina suave e baixou o áudio. Soava real, profissional e acolhedor. "Isso pode realmente funcionar", ela pensou.

Em seguida, ela usou o Canva para criar os slides. Manteve tudo simples: um ponto por slide, bastante espaço em branco e cores suaves e amigáveis. Para as imagens, usou sugestões de IA do Canva e fotos de refeições saudáveis e crianças felizes. Depois sincronizou a narração usando o Pictory, que permitiu combinar o áudio com cada slide.

Após três dias trabalhando à noite — enquanto seus filhos dormiam ou brincavam — Elena havia concluído todo o curso. Dez módulos completos, um guia de receitas para download, um planejador de lancheiras e um template de lista de compras como bônus. Ela carregou tudo no Gumroad, definiu o preço em 49 dólares e criou uma página simples usando o Systeme.io com um texto gerado por IA que dizia: "Torne a hora das refeições mais fácil e saudável — sem estresse."

Ela divulgou o curso em seu Instagram voltado para mães. Na primeira semana, vendeu três cursos. Depois oito. Depois quatorze. Uma das alunas enviou uma mensagem dizendo: "Esse curso salvou minhas manhãs. Muito obrigada!"

Em apenas um mês, Elena ganhou 1.270 dólares. Isso era mais do que havia recebido em seu último mês trabalhando na clínica — mas agora ela fazia isso de casa, usando pijama, com o bebê no colo.

Ela não parou por aí. Transformou o curso em um eBook usando o ChatGPT, vendeu tudo como um pacote e começou a trabalhar em seu segundo curso: "Primeiros Alimentos do Bebê: Um Guia para Novos Pais." Também começou a construir uma lista de e-mails oferecendo um guia gratuito chamado "Lanches Saudáveis para Crianças Pequenas", criado com ajuda da IA.

Elena nunca mostrou o rosto, nunca gravou um vídeo de si mesma falando e nunca precisou contratar ninguém. Ainda assim, tornou-se uma criadora respeitada de cursos digitais no nicho de maternidade e nutrição, e seu negócio continuava crescendo a cada semana.

A história dela mostra o que é possível com a inteligência artificial. Se você tem conhecimento e disposição para aprender, pode ensinar outras pessoas sem sair de casa e sem ligar uma câmera. Assim como Elena, sua voz — mesmo que gerada por IA — ainda pode causar impacto.

Capítulo 5: Transformando Seu Conteúdo Gerado por IA em Pacotes que Aumentam Vendas e Lucros

Uma das estratégias mais poderosas para aumentar sua renda passiva é o **empacotamento de produtos (bundling)**. Em vez de vender eBooks, templates ou cursos individualmente, você pode combiná-los em pacotes de alto valor — aumentando significativamente o valor percebido, a taxa de conversão e o valor médio de cada venda. Com a ajuda da inteligência artificial, criar esses pacotes nunca foi tão fácil. Você pode reutilizar conteúdo existente, gerar produtos complementares e organizá-los com branding profissional e automação em apenas algumas horas.

A psicologia por trás dos pacotes é simples: as pessoas adoram conveniência e economia. Quando você oferece várias soluções em uma única compra, economiza tempo e esforço para o cliente. Em vez de comprar cinco produtos separados, ele recebe tudo o que precisa em um só lugar — muitas vezes por um preço ligeiramente menor. Ao mesmo tempo, você ganha mais por venda e reduz o custo de aquisição de clientes. Um eBook de 19 dólares pode vender ocasionalmente, mas um pacote de 49 dólares que inclui três eBooks, um template e um checklist pode vender muito mais — até para o mesmo público.

Para começar a criar um pacote, agrupe seus produtos por tema ou público-alvo. Se você tem um curso sobre marca pessoal, um eBook sobre criação de conteúdo para redes sociais e um template de Instagram no Canva, pode combiná-los em um **"Pacote Poder da Marca Pessoal."** Se você possui templates de orçamento, planejamento de refeições e organização semanal, pode criar um **"Kit de Produtividade para Mães Ocupadas."** Você também pode pedir ajuda ao ChatGPT com um prompt como: "Que tipo de pacote de produtos digitais posso criar usando estes três produtos: [liste-os]?" A IA pode sugerir nomes, público-alvo e até ideias de bônus para incluir.

Depois disso, crie itens adicionais que tornem seu pacote ainda mais atraente. Alguns exemplos incluem checklists, cadernos de exercícios (workbooks), arquivos de referência (swipe files), guias rápidos (cheat sheets), planners imprimíveis e até pequenos tutoriais em vídeo. Mesmo que você ainda não tenha criado esses extras, a inteligência artificial pode gerar tudo rapidamente. Você pode pedir algo como: "Crie um checklist em PDF de uma página sobre [tema]" ou "Escreva um workbook com exercícios para acompanhar meu eBook sobre [assunto]." Em seguida, use ferramentas como Canva ou Google Docs para formatar esses materiais em guias bem organizados e visualmente atraentes. Muitas vezes, são esses pequenos extras que aumentam significativamente o valor percebido do pacote.

Quando o pacote estiver pronto, escolha um nome que transmita transformação e clareza. Você pode usar o ChatGPT para gerar ideias como **"Kit Inicial de Liberdade Financeira," "Acelerador de Criação de Conteúdo"** ou **"Caixa de Ferramentas para uma Vida Equilibrada."** O nome deve sugerir resultados, simplicidade ou uma solução completa. Palavras como "kit", "bundle", "sistema" ou "pack" ajudam a deixar claro que o cliente está recebendo mais do que apenas um produto.

Em seguida, defina o preço de forma estratégica. Normalmente, pacotes são vendidos por três a cinco vezes o valor do produto principal, mas ainda devem parecer uma oferta vantajosa. Por exemplo, se seu eBook custa 19 dólares, o pacote pode custar 49 dólares. Você também pode reforçar o valor listando o preço individual de cada item, como: "Valor total de $97 — hoje disponível por apenas $39." Estratégias de escassez, como bônus por tempo limitado ou descontos temporários, também ajudam a aumentar as conversões. Oferecer garantia de reembolso também gera confiança e reduz a resistência do comprador.

O próximo passo é criar uma página de vendas que converta bem. Ferramentas como Systeme.io, Gumroad ou ConvertKit permitem criar páginas simples e focadas no produto. Explique claramente o que está incluído no pacote, para quem ele é destinado, quais problemas resolve e quais resultados o cliente pode esperar. Use listas com marcadores, imagens de pré-visualização e depoimentos, se tiver. O ChatGPT também pode escrever o texto da página de vendas. Um prompt útil seria: "Escreva uma página de vendas de alta conversão para meu [nome do bundle] direcionado para [público]." A IA pode gerar títulos, chamadas para ação e descrições focadas em benefícios.

Depois que o pacote estiver disponível, é hora de gerar tráfego usando marketing impulsionado por IA. Você pode criar vídeos curtos com ferramentas como Opus Clip, escrever sequências de e-mails automatizadas com o ChatGPT e programar publicações nas redes sociais usando ferramentas como Metricool ou Hypefury. Outra estratégia eficaz é oferecer um pequeno produto ou material gratuito que leve o cliente ao pacote como uma oferta adicional. Com o tempo, seu bundle se torna um ativo digital que gera renda consistente e escalável.

A grande vantagem dessa estratégia é que você não está começando do zero. Você está aproveitando o que já criou, adicionando novos recursos gerados por IA e organizando tudo em uma oferta de maior valor. É assim que muitos criadores passam de vendas ocasionais para negócios digitais altamente lucrativos — não trabalhando mais, mas vendendo de forma mais inteligente. Se você quer aumentar seus lucros com o conteúdo que já possui, está na hora de começar a criar pacotes.

A história de Jasmine ilustra perfeitamente essa estratégia. Jasmine era uma coach de produtividade que adorava criar ferramentas para seus clientes. Ao longo dos anos, ela desenvolveu dezenas de recursos: planilhas de organização do tempo, guias de definição de metas, planners digitais e até alguns cursos curtos. No entanto, as vendas eram lentas. Ela tinha bons produtos, mas vendê-los individualmente fazia parecer que sempre estava começando do zero.

Uma noite, depois de assistir a um webinar sobre ofertas em pacotes, ela teve uma percepção importante. "Eu tenho vendido peças de um quebra-cabeça", disse para si mesma, "em vez de oferecer a imagem completa."

Naquela semana, ela abriu o Canva e revisou todos os seus produtos antigos. Havia mais de trinta templates — desde rastreadores de hábitos diários até playlists para aumentar o foco. Ela listou tudo e agrupou por tema: rotinas matinais, planejamento semanal, sessões de trabalho profundo e detox digital. As peças já estavam lá. Ela só precisava organizá-las.

Ela abriu o ChatGPT e perguntou: "Que tipo de pacote digital posso criar com planners diários, templates de definição de metas e um curso de gestão do tempo?" A resposta veio imediatamente: **"Kit Inicial de Produtividade Total: Tudo o que você precisa para recuperar seu tempo e foco — inclui 10 templates, um workbook passo a passo e um mini-curso."**

Jasmine sorriu. Era exatamente isso. Ela renomeou o produto para **"The Productive Life Bundle"** e começou a redesenhar as capas usando o recurso Smart Design do Canva. Para cada item, criou uma imagem de apresentação simples e escreveu um benefício em uma frase. Para aumentar o valor do pacote, pediu ao ChatGPT para criar um desafio de produtividade de sete dias por e-mail. Em menos de cinco minutos, a IA gerou toda a sequência — assuntos, textos e instruções.

Mas ela decidiu ir além. Criou um roteiro de meditação usando ChatGPT e transformou o texto em áudio com ElevenLabs. Agora seu pacote incluía templates, áudios, um curso em vídeo e até um checklist motivacional de rotina matinal — tudo aprimorado com IA.

Na hora de definir o preço, ela lembrou que seus produtos individuais custavam entre 10 e 19 dólares. O novo pacote tinha mais de 150 dólares em valor total. Ela decidiu vendê-lo por 49 dólares e usou o ChatGPT para escrever a página de vendas. O título dizia: **"Aumente Seu Foco, Organize Sua Vida e Recupere Seu Tempo — em Apenas 7 Dias."**

Ela publicou o bundle no Gumroad, enviou para sua pequena lista de e-mails e postou um vídeo curto no Instagram mostrando o conteúdo do kit. No primeiro dia, fez seis vendas. No segundo, dez. Ao final da semana, havia faturado 790 dólares com um produto que nem precisou criar do zero — apenas reorganizar e empacotar de forma inteligente.

Jasmine percebeu algo ainda mais importante: agora tinha uma oferta escalável. Em vez de correr atrás de novos clientes constantemente, podia simplesmente direcionar as pessoas para seu bundle. Em vez de criar algo novo todas as semanas, podia investir em anúncios e automatizar sequências de e-mail. O trabalho principal já estava feito — agora era apenas uma questão de alcançar mais pessoas.

Com o tempo, ela criou novos pacotes voltados para diferentes públicos, como **"Pacote de Foco para Mães Ocupadas,"** **"Sistema de Trabalho Profundo para Empreendedores"** e **"Kit de Sucesso para Estudantes."**

Cada um reutilizava partes do pacote principal, com pequenas variações de branding e bônus — tudo orientado pelo ChatGPT. Cada novo produto levava apenas algumas horas para ser montado, mas adicionava centenas de dólares à sua renda mensal.

Em três meses, Jasmine já havia faturado mais de 3.000 dólares com vendas de bundles — mais do que seus clientes de coaching individual já haviam pago a ela. Mas a maior mudança não foi financeira, e sim mental. Ela deixou de se sentir uma empreendedora solitária lutando para sobreviver e passou a enxergar seu trabalho como um negócio digital inteligente e escalável. Tudo começou quando ela parou de vender peças separadas e começou a oferecer a solução completa.

Capítulo 6: Automatizando Vendas, Entrega e Acompanhamento com Ferramentas de IA

Depois que seus produtos digitais estiverem criados — sejam eBooks, cursos, templates ou pacotes — o próximo passo é **automatizar tudo**. Isso inclui como seu produto é vendido, entregue e como você faz o acompanhamento com seus clientes. O objetivo é construir um sistema que gere dinheiro e construa relacionamentos enquanto você dorme. Graças às ferramentas de automação impulsionadas por inteligência artificial, isso agora é possível sem precisar saber programação ou contratar uma equipe técnica.

Comece escolhendo uma plataforma para hospedar e vender seu produto. Para a maioria dos criadores digitais, algumas das melhores opções são Gumroad, Systeme.io, Podia ou Payhip. Essas plataformas permitem que você carregue seus produtos, defina preços e entregue automaticamente os arquivos após a compra. Quando um cliente paga, o sistema envia automaticamente um e-mail com o link de download ou acesso ao curso. Esse simples processo elimina a necessidade de trabalho manual ou monitoramento constante. Escolha uma plataforma que também se integre com ferramentas de e-mail marketing e processadores de pagamento como Stripe ou PayPal.

Depois que seu produto estiver disponível, o próximo passo da automação é criar um **funil de vendas** — uma sequência de páginas que guia o visitante desde o interesse inicial até a compra. Um funil típico inclui uma página de captura (landing page), uma página de produto ou checkout, uma página de agradecimento e e-mails automáticos de acompanhamento. Ferramentas de IA como o ChatGPT podem ajudar a escrever cada uma dessas páginas. Você pode usar um prompt como: "Escreva uma landing page de alta conversão para meu produto [nome do produto] voltado para [público]." Em seguida, peça: "Crie uma sequência de 5 e-mails para novos inscritos interessados em [tema]." Plataformas como Systeme.io, ConvertKit, MailerLite ou Beehiiv permitem construir essas automações com ferramentas simples de arrastar e soltar.

O próximo passo é automatizar a captura de leads. Ofereça um recurso gratuito — como um eBook, checklist, vídeo ou template — em troca do e-mail do visitante. Esse recurso gratuito, conhecido como **lead magnet**, é uma das formas mais poderosas de construir relacionamento com futuros compradores. O ChatGPT pode ajudar tanto a criar esse material gratuito quanto a escrever a sequência de e-mails que apresenta seu produto principal depois que alguém se inscreve. Por exemplo, você pode pedir: "Crie uma sequência de e-mails de 3 dias que apresenta meu guia gratuito e depois oferece meu bundle pago."

Depois que você começa a coletar e-mails, seu sistema de acompanhamento entra em ação. O e-mail marketing continua sendo um dos canais de marketing mais lucrativos — e hoje pode ser completamente automatizado com IA. Você pode programar e-mails semanais escritos pelo ChatGPT, enviar dicas baseadas no comportamento do usuário ou criar campanhas automáticas que continuam rodando por meses. Ferramentas de e-mail também permitem segmentar seu público. Assim, alguém que baixou um eBook gratuito pode receber uma sequência diferente de alguém que comprou um curso.

Outra parte importante da automação é o **upsell e cross-sell**. Isso acontece logo após alguém fazer uma compra. Plataformas como Gumroad ou Systeme.io permitem mostrar uma segunda oferta após o checkout, como: "Adicione este workbook bônus por apenas $7" ou "Quer a versão completa do curso? Faça upgrade agora por $29." Essas pequenas ofertas adicionais aumentam significativamente o valor médio de cada cliente. Mais uma vez, a inteligência artificial pode ajudar a escrever títulos e descrições dessas ofertas.

Além do e-mail marketing, você também pode automatizar seu conteúdo para redes sociais usando ferramentas como Buffer, Hypefury, Metricool ou o planejador de conteúdo do Canva. Você pode programar um mês inteiro de postagens usando textos e imagens gerados por IA. Por exemplo, você pode pedir ao ChatGPT: "Crie 10 legendas para Instagram promovendo meu eBook sobre gestão do tempo." Combine isso com designs do Canva e você terá divulgação constante sem precisar postar manualmente todos os dias. Você também pode criar vídeos curtos com ferramentas como Opus Clip ou InVideo para direcionar ainda mais tráfego para seu funil.

Para atendimento ao cliente, você pode usar chatbots com inteligência artificial, como Tidio ou ManyChat, para responder perguntas comuns automaticamente. Esses bots podem responder questões como "Onde está meu download?" ou "O que está incluído no pacote?" a qualquer hora do dia. Você pode alimentar o chatbot com respostas criadas pelo ChatGPT, garantindo suporte rápido e melhor experiência para o cliente.

Por fim, acompanhe os resultados e otimize o sistema. Use ferramentas de análise integradas ao Gumroad, Systeme.io ou Google Analytics para identificar quais e-mails convertem mais, quais ofertas funcionam melhor e onde as pessoas abandonam o processo de compra. Depois, peça sugestões à inteligência artificial para melhorar o desempenho. Por exemplo: "Com base neste funil de vendas, como posso melhorar minhas conversões?"

Automatizar seu negócio de produtos digitais não significa torná-lo frio ou impessoal. Significa liberar seu tempo para ser criativo enquanto seus sistemas cuidam das tarefas repetitivas. Com a ajuda da inteligência artificial, você pode transformar um simples projeto paralelo em um sistema de renda que funciona 24 horas por dia — com esforço mínimo e resultados máximos.

A história de Marcus mostra como isso pode funcionar na prática. Marcus estava exausto. Ele havia passado meses criando um curso digital detalhado sobre orçamento e liberdade financeira para millennials. Gravou vídeos, criou um workbook e até escreveu um eBook complementar. Porém, depois de lançar o curso no Gumroad e anunciar para seus seguidores nas redes sociais, o entusiasmo inicial desapareceu. As vendas eram lentas. Cada vez que alguém comprava, ele precisava enviar os arquivos manualmente por e-mail, responder perguntas e tentar fazer novas ofertas. Aquilo parecia um emprego, não um negócio.

Ele precisava de um sistema mais inteligente — um sistema que não dependesse dele estar online todos os dias.

Em um sábado à tarde, Marcus decidiu reconstruir todo o sistema de vendas do zero. Mas desta vez, com ajuda da inteligência artificial. Ele abriu o ChatGPT e escreveu: "Me ajude a criar um funil de vendas simples para meu curso de orçamento."

A resposta trouxe um plano passo a passo: criar um lead magnet para capturar e-mails, configurar uma sequência automática de e-mails, criar uma página de produto com ofertas adicionais e montar uma sequência de acompanhamento para compradores.

Na mesma tarde, Marcus pediu ao ChatGPT para escrever a landing page de um guia gratuito chamado "Plano de Reinicialização Financeira em 5 Dias". Ele usou o Canva para criar o guia, enviou para o Gumroad e configurou um funil no Systeme.io para entregar o material automaticamente. Não precisava mais enviar e-mails manualmente. Quando alguém se cadastrava, o sistema enviava o guia e iniciava automaticamente uma sequência de e-mails de cinco dias — todos escritos com ajuda do ChatGPT — que apresentava o curso pago.

Em apenas dois dias, ele recebeu seus primeiros 20 downloads e três vendas do curso. Mas desta vez todo o processo era automático. O sistema enviava o acesso ao curso, os e-mails faziam o acompanhamento e ele não precisava fazer nada manualmente.

Animado com o resultado, Marcus criou uma página de upsell que aparecia depois da compra do curso: "Quer adicionar o workbook bônus de controle de economias? Adicione agora por apenas $9." Ele criou o workbook no Google Sheets, formatou no Canva e pediu ao ChatGPT para escrever o texto da oferta. Essa simples adição gerou 81 dólares extras na primeira semana.

Para manter sua lista engajada, ele criou uma newsletter automática com 12 semanas de dicas de orçamento e recomendações de produtos — tudo escrito com ajuda da IA. Cada novo inscrito recebia um e-mail por semana, programado automaticamente pelo ConvertKit. Para as redes sociais, Marcus pediu ao ChatGPT para escrever um mês inteiro de legendas e depois programou as postagens no Metricool.

Ele foi ainda mais longe e criou um chatbot no Tidio para seu site. Sempre que um visitante tinha uma dúvida — "O que está incluído no curso?" ou "Vocês oferecem garantia?" — o chatbot respondia imediatamente usando respostas geradas com ajuda do ChatGPT.

Em apenas três semanas, Marcus passou de um trabalho cansativo para um negócio digital totalmente automatizado. A diferença foi enorme. Sem tarefas manuais diárias. Sem esgotamento. Ele finalmente havia criado um sistema que trabalhava para ele — e não o contrário.

No final do segundo mês, seu funil havia gerado 2.100 dólares — quase o dobro do que ele tinha ganhado manualmente nos dois meses anteriores. Mas o maior benefício não foi apenas financeiro. Foi a tranquilidade. Ele podia passar o fim de semana descansando, viajar para visitar a família ou focar na criação de novos conteúdos, sabendo que seu sistema automatizado com IA continuava funcionando em segundo plano.

Hoje Marcus ensina estratégias de automação como parte de um curso bônus. Seu lema é simples: **"Se você faz algo mais de duas vezes, automatize."**

Essa mentalidade — combinada com a inteligência artificial — transformou um projeto paralelo estressante em um negócio digital escalável e quase passivo. E tudo começou com uma simples pergunta:

"Será que a inteligência artificial pode me ajudar a criar um sistema mais inteligente?"

A resposta, claro, foi sim.

Capítulo 7: Marketing com IA — Anúncios, Conteúdo e Estratégias de Crescimento que Funcionam 24 Horas por Dia

Criar produtos digitais é apenas metade da equação. A outra metade — e muitas vezes a parte mais desafiadora — é o marketing. No entanto, graças ao avanço da inteligência artificial, promover seus eBooks, cursos e templates já não exige uma agência de publicidade ou um diploma em marketing. Agora é possível criar campanhas completas, textos de anúncios, imagens, vídeos e publicações para redes sociais em poucos minutos. Este capítulo mostrará como usar ferramentas de IA para criar um sistema de marketing que funciona 24 horas por dia, gerando vendas constantes e crescimento de audiência.

Comece pela sua mensagem. Todo produto precisa de um gancho — uma razão convincente para que alguém se interesse. Você pode usar o ChatGPT para gerar ganchos de alta conversão com um prompt como: "Quais são 10 ângulos de marketing para um curso digital que ensina [seu tema]?" Você receberá várias ideias, desde abordagens baseadas em medo até mensagens aspiracionais ou focadas em economia de tempo. Escolha aquelas que mais combinam com o seu público. Por exemplo: "Transforme seu currículo em um ímã de clientes" ou "Faça mais em menos tempo usando este sistema simples de três passos."

Depois de definir seus ganchos, é hora de criar o conteúdo de marketing. Peça ao ChatGPT para gerar sequências de e-mails, legendas para Instagram, títulos para vídeos no YouTube e esboços de artigos de blog. Por exemplo: "Escreva uma sequência de e-mails de 5 dias para promover meu eBook sobre independência financeira" ou "Crie 7 legendas para Instagram para promover um pacote de templates do Canva." Em poucos minutos você pode montar um calendário completo de conteúdo com voz consistente, mensagens direcionadas e chamadas para ação fortes.

Em seguida, use ferramentas de design com inteligência artificial para criar conteúdo visual. O recurso Magic Design do Canva permite gerar gráficos bonitos a partir de simples prompts. Ferramentas como Adobe Firefly, Kittl e Microsoft Designer também são excelentes para criar criativos de anúncios, miniaturas e mockups de produtos. Use essas ferramentas para produzir imagens chamativas para redes sociais, anúncios e páginas de vendas. Se você estiver construindo uma marca, pode pedir ajuda ao ChatGPT para definir suas cores, estilos de fonte e mensagem da marca com prompts como: "Crie um guia de estilo de marca para meu produto chamado [Nome]."

O vídeo é atualmente o tipo de conteúdo com maior taxa de conversão no marketing digital. Com ferramentas como Pictory, InVideo e Opus Clip, você pode gerar anúncios em vídeo, reels e YouTube Shorts a partir de roteiros escritos por IA — mesmo que não queira aparecer na câmera. Use ferramentas como ElevenLabs ou PlayHT para narrar os vídeos com vozes realistas e depois utilize vídeos de banco de imagens ou gráficos animados para dar vida ao conteúdo. Você pode pedir ao ChatGPT: "Escreva um roteiro de anúncio de 30 segundos para meu [produto digital] direcionado para [público]." Depois basta colar o roteiro na ferramenta de vídeo e produzir em poucos minutos.

Para gerar tráfego orgânico, a consistência é fundamental. Use ferramentas como Hypefury, Metricool ou Publer para programar publicações em várias plataformas — Facebook, Instagram, LinkedIn, Twitter, TikTok e Pinterest. Combine conteúdo gerado pelo ChatGPT com imagens criadas no Canva ou pequenos vídeos produzidos com Opus Clip. Construa confiança ao longo do tempo misturando posts educativos, dicas práticas, provas de autoridade (como depoimentos e histórias de sucesso) e conteúdo promocional mais leve.

Se quiser crescer mais rápido, você também pode usar anúncios pagos no Meta Ads (Facebook e Instagram), Google Ads ou TikTok Ads. A inteligência artificial também ajuda nesse processo. Use o ChatGPT para escrever seus textos de anúncios — títulos, descrições e chamadas para ação. Depois crie as imagens ou vídeos com ferramentas como Pictory ou Canva e teste diferentes versões rapidamente. Por exemplo: "Escreva 5 variações de anúncios para Facebook promovendo meu curso sobre [tema] usando diferentes abordagens emocionais." As versões que tiverem melhor desempenho podem ser ampliadas com um pequeno orçamento de anúncios. Muitos criadores começam testando ofertas com apenas 5 a 10 dólares por dia.

SEO também é uma estratégia poderosa de longo prazo impulsionada por IA. Ferramentas como NeuronWriter, Surfer SEO ou o próprio ChatGPT, combinadas com Google Trends, permitem criar artigos de blog e descrições de produtos otimizadas para busca. Por exemplo: "Escreva um artigo otimizado para a palavra-chave 'templates de orçamento para iniciantes' com uma chamada para ação para meu produto." Você pode publicar esse conteúdo em seu blog, no Medium, LinkedIn ou Quora para atrair tráfego orgânico ao longo do tempo.

Também é importante acompanhar os resultados. Use ferramentas como Meta Ads Manager, Google Analytics ou o painel da plataforma onde você vende seus produtos para monitorar métricas como taxa de cliques, taxa de conversão e valor médio de compra. Se uma campanha não estiver funcionando bem, você pode pedir sugestões ao ChatGPT com algo como: "Como posso melhorar a taxa de cliques dos meus anúncios para este produto?" A inteligência artificial não apenas cria — ela também ajuda a analisar e melhorar.

Com os prompts e ferramentas corretos, o marketing deixa de ser um obstáculo. A IA permite que criadores lancem, testem e escalem campanhas rapidamente, mesmo sem experiência. Se você já tem bons produtos, mas ainda não está vendo vendas, talvez seja hora de deixar a inteligência artificial impulsionar seu sistema de promoção. É rápido, acessível e funciona 24 horas por dia.

Tasha tinha um problema. Seu pacote de planners digitais era bem projetado, cheio de recursos e havia levado semanas para ser concluído. Mas não estava vendendo. Ela publicou o produto no Gumroad e no Etsy, fez alguns anúncios nas redes sociais e... silêncio. Depois de duas semanas, havia vendido apenas duas cópias — uma para sua mãe e outra para uma amiga.

Frustrada, ela sabia que o problema não era o produto. O problema era a visibilidade. Ela precisava de um plano de marketing melhor, mas não tinha tempo, dinheiro ou energia para aprender estratégias complicadas. Uma noite, ela viu uma publicação em um grupo de criadores que dizia: "Deixe a IA ser sua equipe de marketing." Curiosa, abriu o ChatGPT e escreveu: "Como posso promover um pacote de planners digitais para profissionais ocupados?"

A IA respondeu imediatamente com um plano: definir o público, criar conteúdo com base nos problemas e soluções do público, criar imagens chamativas, usar vídeos curtos, rodar anúncios de baixo custo e configurar sequências de e-mails. No início pareceu muito, até que ela percebeu que a IA poderia ajudar em cada etapa.

Ela começou pelo conteúdo. Pediu ao ChatGPT: "Crie 10 legendas para Instagram para meu pacote de planners de produtividade." O resultado foi melhor do que qualquer coisa que ela teria escrito. Textos diretos, focados em benefícios e otimizados com hashtags. Ela copiou as primeiras cinco legendas para seu agendador de Instagram e depois pediu versões para LinkedIn e Pinterest também. Em menos de uma hora, já tinha duas semanas de conteúdo prontas.

Depois ela passou para os elementos visuais. Usando o Magic Design do Canva, gerou imagens para redes sociais mostrando o planner em um tablet com frases como "Retome o controle do seu dia" e "Planeje com inteligência, não com esforço." As postagens pareciam profissionais — até melhores do que as de alguns influenciadores que ela seguia.

Mas Tasha queria testar vídeo também, sem aparecer na câmera. Ela abriu o Opus Clip, colou um roteiro de 60 segundos gerado pelo ChatGPT e criou um vídeo curto usando imagens de banco de vídeos e narração por IA. O vídeo mostrava uma pessoa tomando café, digitando no laptop e marcando tarefas concluídas enquanto a voz explicava os benefícios do planner.

Ela publicou o vídeo no Instagram e no TikTok e pediu ao ChatGPT um pequeno CTA: "Garanta sua cópia do Productivity Power Pack — agora com 30% de desconto por tempo limitado. Link na bio."

As vendas começaram a aparecer lentamente. Duas no primeiro dia. Seis no dia seguinte. Depois alguém compartilhou o produto em um grupo de produtividade no Facebook — e tudo mudou. Em uma semana, ela havia feito 580 dólares em vendas.

Animada, Tasha reinvestiu 50 dólares em anúncios no Meta. Mais uma vez usou o ChatGPT para escrever três versões diferentes do anúncio. Uma com abordagem emocional, outra com benefícios práticos e outra com contagem regressiva. A versão emocional venceu: “Afogado em tarefas? Este planner salvou minha sanidade.”

Esse único anúncio gerou 780 dólares em vendas até o final do mês.

Depois disso, Tasha criou um lead magnet — um material gratuito chamado “Reset Matinal de 10 Minutos” — e começou a construir sua lista de e-mails. Ela pediu ao ChatGPT uma sequência de cinco e-mails promovendo seu planner completo. A sequência funcionou muito bem: parecia pessoal, útil e direta. Sua lista de e-mails cresceu de 78 para mais de 500 inscritos em apenas seis semanas, e as vendas continuaram.

No terceiro mês, Tasha estava ganhando consistentemente entre 1.200 e 1.800 dólares por mês. Não porque criou mais produtos, mas porque começou a fazer marketing de forma mais inteligente. A inteligência artificial não apenas economizou tempo — também lhe deu confiança. Ela não se sentia mais presa. Agora se via como uma verdadeira empresária com um sistema que funcionava 24 horas por dia.

A parte mais surpreendente é que ela nunca contratou um designer, redator ou editor de vídeo. Todo o seu sistema de marketing foi construído com inteligência artificial.

Hoje Tasha ensina outras pessoas em sua comunidade a promover suas lojas no Etsy usando os mesmos métodos, com o ChatGPT no centro de tudo.

O sucesso de Tasha não veio de um momento viral. Veio de visibilidade constante — com criatividade, consistência e estratégia. Com a ajuda da inteligência artificial, ela finalmente encontrou sua voz e seu público.

Capítulo 8: Escalando Sua Renda Reinvestindo os Lucros em Mais Produtos com IA

Depois que você faz suas primeiras vendas, a verdadeira oportunidade começa. Muitos criadores param depois de lançar um ou dois produtos digitais — mas aqueles que alcançam renda escalável a longo prazo entendem um princípio fundamental: reinvestir os lucros para criar mais. Como as ferramentas de IA reduziram drasticamente o tempo e o custo de produção, reinvestir até mesmo pequenos lucros em uma estratégia sistematizada de criação pode acelerar seu crescimento rapidamente. Este capítulo mostra como reinvestir de forma inteligente e construir um mecanismo sustentável de renda digital.

O primeiro passo para escalar é analisar o que está funcionando. Use os dados da sua plataforma de vendas, da ferramenta de e-mail marketing e das análises das redes sociais para identificar seus produtos, ofertas, conteúdos e públicos de melhor desempenho. Qual produto teve a maior taxa de conversão? Qual sequência de e-mails gerou mais tráfego? Qual plataforma trouxe mais compradores? Esses dados orientarão seu plano de reinvestimento. Você pode pedir ao ChatGPT: “Ajude-me a analisar estes dados de vendas e sugira qual produto devo criar em seguida", e então inserir seus resultados.

Em seguida, reserve uma porcentagem dos seus ganhos para reinvestir. Um bom ponto de partida é entre 30% e 50% do lucro mensal. Se você ganhou $500 no último mês, por exemplo, considere reinvestir entre $150 e $250 para melhorar ferramentas, investir em anúncios, comprar recursos de design premium ou até contratar apoio para tarefas que a IA ainda não automatiza totalmente. Distribua esse reinvestimento em três áreas principais: criação de produtos, marketing e otimização.

Na criação de produtos, reinvista no desenvolvimento de novos ativos que complementem sua oferta atual. Por exemplo, se você lançou um eBook sobre produtividade, pode criar um workbook complementar, um mini-curso em vídeo, um pacote de templates ou uma versão otimizada para dispositivos móveis. Com ferramentas como ChatGPT e Canva, você pode produzir esses recursos rapidamente. Essa estratégia permite fazer upsell, criar bundles ou lançar produtos derivados para o mesmo público com pouco esforço adicional.

No marketing, reinvista no que já está funcionando. Se sua lista de e-mails está crescendo, invista em uma plataforma de e-mail mais avançada com automações. Se seus vídeos estão gerando conversões, considere usar versões premium de ferramentas como Pictory, InVideo ou Opus Clip para desbloquear templates mais avançados e opções de marca. Você também pode testar anúncios pagos com pequenos orçamentos diários, entre $5 e $20 por dia, em plataformas como Facebook, Instagram ou Pinterest. Use o ChatGPT para criar várias versões de anúncios e acompanhe os resultados semanalmente.

Reinvestir também significa otimizar o que você já possui. Isso inclui melhorar suas páginas de vendas com templates melhores, ajustar seus textos de vendas, atualizar imagens do produto e ampliar automações. Você pode perguntar à IA: "Como posso melhorar meu funil de vendas atual para [nome do produto]?" ou "Sugira três maneiras de aumentar o valor médio de cada pedido." Pequenas melhorias podem gerar grandes resultados.

Outra forma de escalar é reaproveitando seu conteúdo. Transforme o que você já criou em novos formatos. Por exemplo, converta seu eBook em um audiobook usando ElevenLabs, transforme sua sequência de e-mails em um curso ou converta seus artigos de blog em um podcast. Você pode pedir ao ChatGPT para reorganizar seu eBook em um roteiro de audiobook ou gerar scripts prontos para narração. Quanto mais formatos você tiver, mais portas de entrada você cria para novos compradores.

Também vale a pena criar uma escada de produtos com diferentes níveis de preço. Por exemplo: um lead magnet gratuito, um template inicial de $9, um curso ou pacote de $49, uma masterclass ou toolkit de $97 e um serviço ou mentoria acima de $250. Isso permite atender pessoas em diferentes níveis de interesse e compromisso. Conforme os clientes obtêm resultados com produtos menores, muitos naturalmente avançam para níveis mais altos. A IA pode ajudar a estruturar essa escada e criar conteúdos para cada etapa da jornada do cliente.

Não se esqueça da colaboração. Use parte dos seus lucros para contratar freelancers no Fiverr ou Upwork para criar uma capa premium, desenvolver recursos extras ou melhorar sua identidade visual. Outra opção é fazer parcerias com criadores do seu nicho para lançar bundles conjuntos. O ChatGPT pode ajudar a escrever mensagens de contato, páginas de vendas ou acordos de parceria. Colaborações podem abrir portas para novos públicos e ampliar seu alcance rapidamente.

Por fim, mantenha um calendário de criação. Defina metas mensais para lançar um ou dois novos produtos, bundles ou materiais gratuitos. Use ferramentas de IA para acelerar o processo e evitar sobrecarga. Quanto mais ativos digitais de qualidade você tiver trabalhando para você, mais renda poderá gerar — sem trocar tempo diretamente por dinheiro.

Escalar não depende de sorte ou de viralizar. Trata-se de construir uma máquina, passo a passo, e deixar a inteligência artificial ser o motor por trás dela. Reinvista seus lucros com sabedoria, use seus sucessos como guia para os próximos passos e logo você perceberá que aquilo que começou como um projeto paralelo se transformou em um verdadeiro negócio digital.

Devon nunca imaginou que ganharia mais do que algumas centenas de dólares com seu primeiro produto digital. Era apenas um template simples do Notion — um planejador de projetos paralelos que ele havia criado para si mesmo, depois aprimorado no Canva e colocado à venda no Gumroad. Ele o precificou em $12 e o compartilhou em alguns grupos de produtividade. Para sua surpresa, faturou $372 nas primeiras duas semanas.

Ele ficou animado, mas também sem saber qual seria o próximo passo. Deveria criar outro template? Investir em anúncios? Guardar o dinheiro?

Depois de ler um artigo sobre renda composta com produtos digitais, Devon percebeu que poderia reinvestir aqueles $372 em vez de simplesmente gastá-los. Ele abriu o ChatGPT e perguntou: “Com base no meu primeiro template do Notion, o que devo criar em seguida para transformar isso em um negócio de $2.000 por mês?”

A IA respondeu com um plano em três fases: expandir a oferta, melhorar o funil de vendas e aumentar o alcance. Devon começou imediatamente.

Ele usou $79 para comprar uma assinatura premium do Canva. Com ela, melhorou as imagens do produto, criou novas capas e mockups mostrando os templates em tablets e computadores. Depois, usando o ChatGPT, criou uma sequência automatizada de e-mails de sete dias para promover um novo produto: o “Side Hustle Toolkit”, que incluía três templates, um planejador semanal e um guia de dez passos para renda extra, escrito inteiramente com ajuda da IA.

Ele agrupou tudo em um bundle e definiu o preço em $29. Usando o recurso de upsell do Gumroad, ofereceu o pacote como complemento ao planejador original. O resultado? Na primeira semana após o lançamento, ele faturou $462 — mais do que havia ganho com o produto original sozinho.

Em vez de sacar o dinheiro, ele reinvestiu novamente — desta vez em conteúdo de vídeos curtos. Usou o Pictory para transformar descrições de produtos em vídeos para TikTok.

Utilizou o ElevenLabs para narração e vídeos de banco de imagens para mostrar cenas de pessoas usando o planejador. Depois programou postagens diárias com o Metricool.

As vendas aumentaram novamente. Mas o que mais o surpreendeu foi o crescimento da lista de e-mails. Com um simples lead magnet gratuito chamado "Checklist de Reset Semanal", Devon construiu uma lista de 2.000 assinantes em 60 dias. Ele usou o ChatGPT para escrever e-mails semanais com dicas de produtividade e promoções suaves de seus produtos. Cada e-mail gerava novas vendas.

No terceiro mês, ele já estava ganhando mais de $1.400 por mês. Mesmo assim, continuou reinvestindo. Transformou seu eBook em um audiobook com ElevenLabs e o incluiu como bônus em seu produto original. Também contratou um freelancer no Fiverr por $40 para criar um logotipo e um banner para sua página de vendas. Sua marca passou a parecer mais profissional e confiável.

Animado, Devon estruturou uma escada de produtos com quatro níveis: um lead magnet gratuito, um produto inicial de $12, um toolkit de $49 e um curso de $97 que seria lançado em breve. Seguindo as orientações do ChatGPT, ele começou a criar cursos em seu nicho e usou o InVideo para produzir aulas em vídeo com narração por IA. Seu calendário ficou organizado. Todo mês ele lançava algo novo — um planner, um pacote de templates ou um módulo de curso — e o sistema vendia tudo automaticamente.

Em seis meses, Devon já ganhava mais de $2.800 por mês. Ele não ficou famoso e não viralizou. Mas fez algo ainda melhor: construiu uma máquina digital que crescia sozinha. Sua biblioteca de conteúdo continuava aumentando, sua audiência continuava crescendo e, quanto mais ele reinvestia, mais rápido seu negócio se multiplicava.

Olhando para trás, Devon percebeu que não foi um grande sucesso isolado que mudou tudo. Foi o reinvestimento constante de pequenas vitórias — amplificado pela inteligência artificial — que transformou um único template em um verdadeiro império digital.

Capítulo 9: Construindo uma Marca e uma Comunidade em Torno dos Seus Produtos Digitais com IA

Criar ótimos produtos digitais é apenas o começo. Se você quer sucesso a longo prazo, precisa construir algo mais poderoso do que um produto — precisa construir uma marca. Uma marca torna seu trabalho memorável, aumenta sua credibilidade, permite que você cobre mais e transforma clientes ocasionais em fãs leais. Quando combinada com uma comunidade ativa, sua marca se torna uma plataforma — algo capaz de sustentá-lo por anos. Neste capítulo, você aprenderá como usar a inteligência artificial para construir uma identidade de marca, atrair seguidores e criar uma comunidade que amplifica seu crescimento.

Comece pela identidade da sua marca. Isso inclui o nome da marca, slogan, tom de comunicação, estilo visual e mensagem principal. É assim que as pessoas reconhecem você e como se sentem ao interagir com seu conteúdo ou produtos. Você pode usar o ChatGPT para definir esses elementos facilmente. Comece com um prompt como: "Crie uma identidade de marca para um criador digital que vende templates de produtividade para empreendedores ocupados." Você receberá sugestões de tom (profissional, mas acessível), valores (eficiência, simplicidade, liberdade) e identidade visual (fontes limpas, cores calmantes). Depois de escolher uma direção, você pode refiná-la com prompts adicionais como: "Sugira 5 ideias de nomes de marca que sejam simples, memoráveis e alinhados com produtos digitais que economizam tempo."

Depois de desenvolver sua identidade, fortaleça sua marca visual. Use Canva ou Adobe Express para criar um logotipo, uma paleta de cores e um guia de tipografia. O recurso Brand Kit do Canva permite salvar todos os elementos da sua marca para que seus designs permaneçam consistentes em posts, páginas de vendas e imagens de produtos. Você também pode usar ferramentas de IA como Looka ou Brandmark para gerar logotipos automaticamente com base no seu tema e público.

O próximo passo é o conteúdo. A maneira mais rápida de construir reconhecimento de marca é publicar conteúdo útil de forma consistente. Peça ao ChatGPT ajuda para criar um plano de conteúdo de 30 dias: "Crie um mês de ideias de conteúdo para Instagram e e-mail para minha marca de finanças pessoais." Publique regularmente em uma ou duas plataformas onde seu público está presente — seja Instagram, YouTube, Twitter ou Pinterest. Agregue valor compartilhando dicas, bastidores, depoimentos de clientes e pequenas vitórias obtidas com seus produtos. Com o tempo, seu público começará a associar seu nome a qualidade e confiança.

Para criar uma conexão mais profunda com seu público, construa uma comunidade gratuita. Você pode fazer isso em plataformas como Facebook Groups, Discord, Circle ou Skool. Use IA para ajudar a nomear a comunidade (por exemplo, "Círculo do Criador Produtivo" ou "Hub de Construtores de Renda com IA") e para escrever a descrição do grupo, a mensagem de boas-vindas e as regras da comunidade. O objetivo é criar um espaço onde seus clientes e seguidores possam compartilhar progresso, fazer perguntas e interagir entre si — não apenas com você. Isso cria lealdade e transforma membros em defensores naturais da sua marca.

Uma estratégia poderosa é envolver sua audiência no processo de criação. Compartilhe prévias de novos produtos, peça opiniões ou faça enquetes sobre o que você deveria criar em seguida. As pessoas adoram apoiar aquilo que ajudam a construir. O ChatGPT pode ajudar a escrever esses posts de engajamento, como: "Escreva um post para Facebook pedindo ao público que vote no próximo tema de eBook — orçamento ou gestão de tempo."

Use o e-mail marketing para nutrir sua comunidade de marca. Envie newsletters semanais que pareçam pessoais e informativas. Compartilhe sua jornada, novos lançamentos, links úteis e destaques de clientes. Seus e-mails não devem apenas vender — devem contar uma história. Você pode pedir ao ChatGPT para escrever uma sequência semanal de e-mails que construa conexão enquanto reforça sutilmente os benefícios dos seus produtos.

Outra estratégia avançada é desenvolver uma personalidade para sua marca. Use a IA para criar um personagem ou persona que represente sua marca — algo relacionável, como “A Mãe Sem Estresse”, “O Empreendedor Criativo” ou “O Mentor de Crescimento com IA”. Esse personagem pode falar com um tom consistente em seus conteúdos, fazendo com que sua comunicação pareça mais humana e menos corporativa.

Por fim, use sua marca como ponto de partida para colaborações. Entre em contato com outros criadores, influenciadores ou vendedores de produtos digitais que tenham valores semelhantes e públicos complementares. Use o ChatGPT para escrever mensagens de contato, e-mails de parceria ou textos para páginas de colaboração. Parcerias como bundles conjuntos, webinars coorganizados ou troca de comunidades podem expandir seu alcance sem necessidade de anúncios pagos.

Um produto sem rosto e puramente transacional pode gerar algumas vendas. Mas uma marca com personalidade, consistência e uma comunidade em crescimento cria valor real. Ela se torna algo que as pessoas seguem, comentam e compram repetidamente. Com a ajuda da inteligência artificial, você não precisa adivinhar — pode construir cada elemento da sua marca e da sua comunidade com clareza e rapidez. O resultado é uma plataforma poderosa que amplifica seus produtos, sua mensagem e sua renda por muitos anos.

Isabella tinha uma coleção de diários digitais de bem-estar, áudios de meditação e afirmações diárias que vendia discretamente no Etsy e no Gumroad há quase um ano. Seus produtos eram tranquilos, bem projetados e úteis — mas suas vendas eram inconsistentes. Ela não tinha uma marca clara, nenhuma lista de e-mails e não sabia exatamente quem eram seus compradores. Todo mês parecia começar do zero.

Um dia, ela participou de um workshop gratuito chamado “De Produto a Plataforma: Como Construir uma Marca que Cresce Sozinha.” O instrutor disse algo que ficou na mente dela: “Se ninguém lembra quem criou o produto, você não está construindo uma marca — está apenas vendendo arquivos.”

Naquela noite, Isabella abriu o ChatGPT e escreveu: “Ajude-me a criar uma identidade de marca para meu negócio de produtos digitais de bem-estar.” Em segundos, recebeu um perfil completo: nome da marca: Calm & Clear. Slogan: Clareza, Calma e Autoconhecimento em 10 Minutos por Dia.

Tom: gentil, acolhedor e inspirador. Visual: cores suaves da natureza, fontes serifadas e imagens tranquilas.

Parecia perfeito. Isabella abriu o Canva e criou um logotipo minimalista — um nascer do sol sobre um caderno. Atualizou o nome de sua loja no Etsy, redesenhou as miniaturas de seus produtos e atualizou sua página no Gumroad. Tudo agora parecia conectado.

Depois ela perguntou ao ChatGPT: "Crie um plano de conteúdo de 30 dias para o Instagram da marca Calm & Clear." O resultado foi melhor do que ela imaginava: ideias diárias de posts com dicas de journaling, lembretes de afirmações e hábitos de bem-estar. Ela produziu uma semana de conteúdo de uma vez e programou tudo com o Metricool. Em poucos dias, o engajamento aumentou. As curtidas dobraram. Comentários começaram a aparecer. Pessoas agradeciam pelas mensagens inspiradoras.

Isabella decidiu criar uma comunidade — um espaço acolhedor para pessoas compartilharem suas jornadas de crescimento pessoal. Ela chamou o grupo de "The Calm Circle" e abriu um grupo gratuito no Facebook. Usou o ChatGPT para escrever o post de boas-vindas: "Bem-vindo ao The Calm Circle — um espaço de apoio para quem deseja viver com mais intenção, escrever com propósito e se conectar com pessoas que pensam da mesma forma. Seja você novo na prática de mindfulness ou alguém que já escreve diariamente, este é o seu lugar."

As pessoas começaram a entrar. Devagar no começo. Depois cada vez mais. Elas compartilhavam suas rotinas matinais, mostravam fotos de seus diários e agradeciam Isabella por criar algo que nem sabiam que precisavam. Isabella ficou surpresa. "Eu achei que elas só queriam baixar arquivos," disse a uma amiga. "Mas na verdade elas queriam conexão."

Toda semana ela enviava e-mails para novos clientes usando mensagens criadas com ChatGPT que pareciam pessoais. O tom nunca era agressivo. Era como escrever para uma amiga: "Aqui está algo que me ajudou a desacelerar esta semana..." As respostas eram emocionantes. Algumas pessoas diziam que os e-mails eram a melhor parte da caixa de entrada delas.

Ela também criou um "tema do mês" — um novo produto ou diário alinhado com a estação ou momento da vida. Um mês era sobre clareza. Outro sobre gratidão. Depois veio o tema do descanso. Usando ChatGPT, ela criava prompts, afirmações e designs rapidamente, permitindo lançamentos consistentes.

Então algo grande aconteceu. Outra criadora do nicho de bem-estar entrou em contato para propor um bundle conjunto. Elas criaram o "Mindful Reset Pack" com meditações guiadas, reflexões diárias e planners visuais. Em três semanas venderam mais de 300 cópias — com ambas as comunidades promovendo o pacote.

À medida que sua audiência crescia, seu impacto também aumentava. Isabella adicionou uma página de depoimentos em seu site, começou a realizar sessões de journaling ao vivo no Zoom e até lançou um podcast Calm & Clear usando roteiros gerados por IA e narração com ElevenLabs. Sua voz agora chegava a milhares de pessoas, ajudando-as a desacelerar e se reconectar.

Em apenas seis meses, Isabella passou de uma vendedora silenciosa de arquivos digitais para a fundadora de uma marca de bem-estar com uma comunidade leal. Ela não tinha milhões de seguidores e não viralizou. Construiu algo ainda melhor: confiança.

E tudo começou com um simples prompt: "Ajude-me a construir uma marca que as pessoas se lembrem."

Capítulo 10: Mantendo Renda Passiva de Longo Prazo com Sistemas Evergreen e IA

Ganhar renda passiva é uma coisa — mantê-la e fazê-la crescer a longo prazo é outra. Muitos criadores digitais experimentam vitórias iniciais, mas não conseguem construir sistemas duradouros. O segredo para o sucesso de longo prazo é a automação evergreen — criar ativos, funis e conteúdos que continuem gerando renda por meses ou até anos com pouca ou nenhuma manutenção. Graças à inteligência artificial, você pode construir esses sistemas mais rápido do que nunca e garantir que seu negócio continue trabalhando para você, mesmo quando você não estiver trabalhando nele.

Vamos começar entendendo o que significa "evergreen". Um sistema evergreen é projetado para funcionar no piloto automático, permanecer relevante durante todo o ano e converter constantemente novos visitantes em clientes. Isso inclui lead magnets evergreen, sequências de e-mails, pacotes de produtos e funis de vendas automatizados. Esses sistemas exigem um investimento inicial de tempo e criatividade, mas depois continuam gerando resultados continuamente — permitindo que você se concentre no crescimento, em novas ideias ou simplesmente aproveite mais liberdade.

Comece identificando quais de seus produtos ou ofertas são mais atemporais. São produtos digitais que resolvem problemas recorrentes — como orçamento, produtividade, dicas para pais, rotinas de autocuidado ou educação para iniciantes. Evite depender apenas de produtos baseados em tendências que perdem relevância rapidamente. Depois de escolher seu "produto evergreen principal", construa um funil completo ao redor dele usando ferramentas como Systeme.io, ConvertKit ou Podia. Esse funil inclui uma página de captura, formulário de inscrição, página de agradecimento, oferta de baixo custo (tripwire) e uma sequência automática de e-mails — tudo isso pode ser criado com ajuda do ChatGPT.

Você pode pedir ao ChatGPT para construir seu funil evergreen completo com prompts como: "Escreva uma página de captura para um lead magnet que promova meu pacote de planners digitais", "Crie uma sequência de e-mails evergreen de 7 dias para nutrir leads frios e promover meu kit de produtividade" ou "Sugira três produtos tripwire para meu curso sobre renda extra." Esses elementos formam a base de um sistema que funciona automaticamente.

Também é possível reaproveitar conteúdo evergreen para atrair mais pessoas para seu funil. Crie uma biblioteca de artigos de blog, Reels do Instagram, vídeos no YouTube ou pins no Pinterest que direcionem para sua página de captura.

Use o ChatGPT para transformar cada conteúdo em dez variações diferentes e programe as publicações semanalmente com ferramentas como Metricool, Hypefury ou Buffer. Assim, seu sistema evergreen continua ativo e visível sem exigir esforço manual constante.

Outro ponto importante para manter sua renda passiva é automatizar suporte e feedback. Configure um chatbot usando ferramentas como Tidio, Crisp ou ManyChat para responder perguntas frequentes, enviar links de bônus ou lembrar visitantes sobre suas ofertas. Use o ChatGPT para escrever os scripts do chatbot. Depois crie uma sequência automática de solicitação de avaliações, como: "Escreva um e-mail automático pedindo um depoimento cinco dias após a compra." Avaliações positivas aumentam a prova social e ajudam a atrair novos compradores.

Seu sistema evergreen também depende de tráfego constante. Uma estratégia eficiente é usar anúncios de retargeting de baixo custo para trazer visitantes de volta ao seu funil. Plataformas como Facebook Ads, Google Display ou TikTok Ads permitem mostrar seu produto para pessoas que visitaram sua página, mas ainda não compraram. Esses anúncios são fáceis de automatizar e podem ser extremamente lucrativos quando combinados com um funil bem estruturado. Você pode pedir ao ChatGPT: "Escreva cinco anúncios de retargeting para meu eBook sobre parentalidade sem estresse."

Para garantir que tudo continue funcionando bem, crie um processo de revisão mensal. Uma vez por mês, reserve uma ou duas horas para analisar métricas importantes: taxa de abertura de e-mails, taxa de conversão do funil, desempenho de anúncios e vendas de produtos. Você pode perguntar à IA: "Com base nesses números, em qual parte do meu funil estou perdendo mais leads?" ou "Quais mudanças podem melhorar minha taxa de conversão?" Esse ciclo de análise permite pequenos ajustes que mantêm seus sistemas otimizados ao longo do tempo.

Também é importante atualizar seu conteúdo evergreen periodicamente. A cada três ou seis meses, revise seus lead magnets, atualize seus e-mails ou adicione bônus ao seu produto principal. Isso mantém suas ofertas atuais e relevantes, mesmo sendo automatizadas. Você pode pedir ao ChatGPT: "Sugira um plano trimestral de atualização de conteúdo para meu funil evergreen de produtos digitais."

Por fim, lembre-se de que renda passiva verdadeira não significa abandonar seu negócio. Significa criar sistemas que permitam que você se afaste, recarregue as energias e se concentre na criatividade. Quando sua renda deixa de depender de esforço diário, você conquista liberdade — o verdadeiro retorno sobre o investimento de construir um negócio com IA e automação. Sistemas evergreen são a base dessa liberdade.

Natalie havia conquistado algo que muitos criadores digitais apenas sonham. Ela havia construído um pequeno império de produtos digitais — planners, templates, mini-cursos e guias práticos — todos criados com ajuda da inteligência artificial. No primeiro ano, ela faturou mais de 30.000 dólares. Mas por volta do décimo quarto mês, algo mudou. Sua receita caiu. Seu conteúdo estava desorganizado. Ela sentia que estava sempre lançando algo novo e promovendo constantemente, mas com resultados cada vez menores.

"Estou presa no modo correria", pensou.

Ela percebeu que, embora tivesse criado bons produtos, nunca havia construído sistemas. Sua renda dependia de lançamentos frequentes e de postar conteúdo todos os dias. Era hora de mudar — não desistir, mas evoluir.

Naquela tarde, sentada à mesa da cozinha, ela escreveu no topo de seu caderno: "Como posso ganhar dinheiro todos os dias sem precisar aparecer todos os dias?" Então abriu o ChatGPT e digitou: "Ajude-me a construir um funil evergreen para meu produto mais vendido: The Mindful Productivity Toolkit."

A IA respondeu com um plano completo: lead magnet chamado "Guia de Reset de Foco em 3 Dias", um produto inicial de $7 chamado "Diário de Momentum Diário", a oferta principal de $49 chamada Toolkit, uma sequência de sete e-mails automáticos e um upsell opcional com um pacote de meditações em áudio de 30 minutos.

Natalie ficou impressionada. Em menos de cinco minutos, tinha um plano completo.

Ela criou imediatamente uma nova página de captura no Systeme.io e disponibilizou o guia gratuito de três dias. Usou o Canva para redesenhar o PDF com novas fontes e imagens. Depois escreveu a sequência de e-mails com ajuda da IA — mensagens pessoais, gentis e levemente persuasivas.

Cada e-mail contava uma pequena história: o dia em que esqueceu sua lista de tarefas, como lidou com a sensação de sobrecarga, o poder silencioso de escrever seus pensamentos. Ela não estava apenas vendendo — estava se conectando com as pessoas. Tudo com apoio do ChatGPT.

Em seguida, configurou anúncios de retargeting. Antes ela tinha medo de gastar dinheiro com anúncios, mas agora, com um funil claro e retorno previsível, decidiu testar. Com apenas $5 por dia, direcionou anúncios para pessoas que baixaram o guia gratuito, mas não compraram o toolkit completo. O ChatGPT ajudou a escrever seis variações do anúncio.

Ela lançou a campanha e deixou rodar.

Pela primeira vez em meses, Natalie acordou sem a preocupação de decidir o que postar naquele dia. Em vez disso, abriu seu painel de vendas e viu: quatro novos leads, duas novas vendas e um novo depoimento enviado por um cliente satisfeito – tudo antes do café da manhã.

Ela continuou otimizando. Todo mês, dedicava um domingo para revisar seu funil. Atualizava um e-mail, ajustava o título do tripwire ou adicionava um bônus ao upsell. Pequenos ajustes que levavam menos de uma hora, mas aumentavam suas vendas.

Em três meses, seu funil evergreen já gerava cerca de $1.500 por mês completamente no piloto automático. Com o tempo livre, ela criou um novo curso evergreen. Depois outro toolkit. No final do ano, tinha três funis evergreen funcionando – todos alimentados por IA, todos automatizados e todos gerando renda consistente.

Natalie começou a viajar mais, descansar nos finais de semana e trabalhar em projetos criativos que havia abandonado. Sua marca não desapareceu — ela floresceu. As pessoas encontravam seus guias gratuitos, acompanhavam seus e-mails inspiradores e entravam em sua comunidade, muitas vezes sem que ela precisasse fazer nada naquele dia.

Ela já não se via apenas como uma vendedora de produtos digitais. Agora era uma construtora de sistemas. Uma arquiteta de negócios evergreen.

E tudo começou com uma pergunta simples: "Como posso ganhar dinheiro enquanto descanso?"

A inteligência artificial lhe deu a resposta. Os sistemas evergreen lhe deram a liberdade. E juntos, eles lhe deram um negócio feito para durar.

Palavras Finais

Parabéns. Você acaba de concluir um guia completo para construir renda passiva de longo prazo usando inteligência artificial — sem precisar de habilidades técnicas, uma grande equipe ou um grande investimento inicial.

O que você aprendeu não é apenas teoria — é um plano prático do mundo real. Agora você tem tudo o que precisa para escolher e validar produtos digitais, criar eBooks, templates e cursos usando IA, organizar e combinar produtos para aumentar suas vendas, construir funis evergreen que funcionam 24 horas por dia, automatizar acompanhamento, marketing e suporte, desenvolver sua marca e comunidade, reinvestir lucros em sistemas escaláveis e manter liberdade enquanto seu negócio digital trabalha para você.

Cada sistema descrito neste livro já está sendo utilizado por criadores comuns — pessoas exatamente como você — que decidiram parar de trocar tempo por dinheiro e começaram a construir ativos que podem pagar por muitos anos.

Você não precisa dominar tudo de uma vez. Você apenas precisa começar. Um produto. Um funil. Um sistema automatizado. Deixe esse primeiro sucesso crescer e se transformar no próximo.

A inteligência artificial não é uma ameaça — é sua parceira de negócios. E agora você sabe como usá-la para criar impacto, liberdade e uma renda sustentável.

www.ingramcontent.com/pod-product-compliance
Lightning Source LLC
LaVergne TN
LVHW010842051026
849532LV00007B/2798